बातें दिल की

मनीष शर्मा

ISBN
Hardcase 979-8-89744-577-6
Paperback 979-8-89673-817-6

अंतर्वस्तु

बचपन

पहचान

मैं
तुम्हारा बचपन
तुमसे मिलने
आऊँगा एक दिन

पहचान मत बदलना!

यादें

बटोरता रहता हूँ उन्हें
दिल के जो क़रीब हैं।

पिता का साथ
माँ का हाथ
भाई का रूठना
बहन का प्यार
नानी की गाय
दादी का चूल्हा
गुड्डे गुड्डी का खेल
और
मेरी पहली रेल।

बहुत याद आते हैं
इसी लिए तो

बटोरता रहता हूँ उन्हें
दिल के जो क़रीब हैं।

बाइस्कोप वाले बाबा,
पतंगो के पीछे दौड़ना
कुल्फ़ी की घंटी
बर्फ़ का गोला

जेमीनी सर्कस
बुढ़िया के बाल
मेले के झूले
रामलीला का मैदान
और
मेरा प्यारा तीर कमान।

बहुत याद आते हैं
इसी लिए तो

बटोरता रहता हूँ उन्हें
दिल के जो क़रीब हैं।

स्कूल की घंटी
कैंटीन वाली आँटी
गर्मी की छुट्टियाँ
सर्दी की धूप
दोस्तों से मिलना
'वो मेरी है' पे लड़ना
आर्चीज़ काईज़
पहला गुलाब
और
अनेकों हसीन ख़वाब

बहुत याद आते हैं
इसी लिए तो

बटोरता रहता हूँ उन्हें
दिल के जो क़रीब हैं।

पहला प्यार
मिलने का इंतेज़ार
गली का मोड़
दरवाज़े की ओड़
खिड़की का खुलना
दिल का धड़कना
उसकी लूना
होली का रंग
और
'पहले मैं लगाऊँगा' पे जंग

बहुत याद आते हैं
इसी लिए तो

बटोरता रहता हूँ उन्हें
दिल के जो क़रीब हैं।

छत

मुझे छत पे खटिया डाल
फिर एक बार
तारों की चादर ओढ़
कच्चे सच्चे सपनों को
बेफ़िक्री से पिरोना है।

कूद कर इस छत से
उस छत तक जा
सुलगते रिश्तों को
चाँदनी में भिगोना है।

तुम आओगे क्या?

छत वहीं हैं
मैं भी।

बहाने

मम्मी ने
साबूदाने के पापड़ सुखाए हैं
छत पे

मैं शाम को जाऊँगा
तुम भी आ जाना
सूखे पापड़ समेटने

मुझसे सब टूट जाते हैं
तुम आओगी ना?

तुम और मैं

पुरानी मंजी

माँ से बात हुई
कह रही थीं
छत पे जो मंजी रखी है ना
अरे वो वाली
जिसके एक कोने पे
तुम और एक पे मैं
बैठा करते थे

हाँ वही अपनी मंजी
वो बुनवानी पड़ेगी
मैंने मना कर दिया

मुझे सब पुराना ही
अच्छा लगता है।

सब वैसा ही है

एक फूल, कुछ तस्वीरें
कुछ चिट्ठियाँ
सिमटी बैठी हो तुम
एक पोटली में
घर के एक कोने में
रोज़ मिलता तो हूँ तुमसे।

कुछ भी तो नहीं बदला
सब वैसा ही है
मैं भी।

जैसा तुम चाहतीं थी
ज़िंदादिल
खुश भी हूँ।

देखो
मुस्कुराहट कैसे कस के लिपटी है मुझसे

बस
फूल सूख गया है
तस्वीरें धुँधली सी पड़ गई हैं

और
चिट्ठियों की स्याही भी धुंधला रही है।

सच में,
यहाँ कुछ भी नहीं बदला है।
सब वैसा ही है
मैं भी।

अधूरी कविता

तुम
कुछ कहे बिना चली गयीं

मैं
तुम्हारी आँखें जो कह रही थीं
पढ़ नहीं पाया

वही आँखें
अब मुझे बहुत सताती हैं।

वो पल तो समय की परतों में दब गए
यादों का क्या करूँ?

तुम मेरी अधूरी कविता
मैं खंडित कलम सा।

अंतिम उड़ान

खोए लम्हे
और
उनमें लिपटी बातें
काग़ज़ में क़ैद कर ली थी मैंने

सोचा था
तुम्हें खोने के बाद
शायद
यादों के सहारे वक़्त गुज़र जाएगा

पर अब मैं भी क़ैद हूँ
इन पन्नों में

तुम्हें पता है ना
परिंदों को पिंजरे पसंद नहीं होते

हाँ तुम्हें तो पता है
तुम तब भी समझदार थीं

मैं ही तुम्हारे प्यार को क़ैद समझ
उड़ गया था

अब जब समझ आई है
तो साँसें सौतन बन बैठी हैं

तुम्हारी अमानत
और
अपनी कुछ इच्छाएँ
छुटकी के पास रखवा रहा हूँ

एक डायरी
जिसमें
हमारी कहानी
तुम्हारी तपस्या
और
मेरा प्रायश्चित्त
क़ैद है

एक साड़ी मैरून
काले बॉर्डर वाली,
तुम्हें बहुत पसंद थी ना
मुझे भी

मैं भी मिलूँगा
बस एक आख़िरी बार
उसी साड़ी में लिपटा
अपनी आख़िरी इच्छा लिए

मुझे अंतिम उड़ान
तुम्हारे ही हाथों से उड़नी है
तुम्हारे एहसास में लिपटे

बस विदा करते वक़्त
अलविदा ना कहना।

मैं वापस आऊँगा
हमारे लिए।

दो छत
एक मुँडेर
अनछुए पल
बोलती ख़ामोशी
महकती रातें
अधूरी मुलाक़ातें
फिसलता वक़्त
बिखरे गेसू
बदमाश मुस्कान
आँखों से एक वादा

और फिर
कल का इंतेज़ार...

तुम

कोशिश बहुत की
पर तुम्हें कविता में ढाल नहीं पाया

शब्द ही नहीं मिलते
एक भी
तुमसा ख़ूबसूरत नहीं

इसलिए
"तुम" लिख कर
पन्ना पलट देता हूँ

और किसी का पता नहीं,
तुम अनलिखा भी
समझ जाओगी।

चाय

हमारी चाय पे हुई
सदियों पुरानी
मुलाक़ातों के चर्चे
आज भी
ज़माने भर में मशहूर हैं

चलो
कुछ नये क़िस्से गढ़ते हैं

चाय तैय्यार है
यादें तुम ले आओ।

सज़ा

आँखों से चोरी
लफ़्ज़ों से वकालत
क़ातिल भी तुम
तुम्हीं अदालत

फ़ैसले भी तुम्हारे
बस
कमबख़्त सज़ा मेरी।

तलाश

संग चलने की ख़्वाहिश लिए
वादों के बोझ तले
यादों की परतों में लिपटा
बेदम मैं
सपनों की उधड़ी पोटली सँभाले
चल रहा हूँ
तुम्हारी तलाश में
आज भी
अकेला।

हवा ख़ामोश है
रात धीरे धीरे
हाथों से फिसल रही है।
क़िस्से डूबने से पहले
मिल जाना
मिलोगी ना?

सखी

तुम्हारी मुस्कुराहट
सुकून

तुम्हारे अश्क़
आफ़त

तुम्हारी ज़ुल्फ़ें
क़ैद

मैं, तुम और तन्हाई

रात होते ही,
दबे पाँव चली आती हो
और
समेट लेती हो
मेरी सारी थकान
अपने आँचल में

एक तुम हो
मिलती तो हो पर कहती कुछ नहीं
और
एक ये नटखट चाँद है
जाने किन यादों को बादलों से निकाल लाता है

एक तुम हो
मेरे ख़यालों को
लफ़्ज़ों का सहारा देने वाली
और

एक ये मनचली चाँदनी
हर लफ़्ज़ पे कोई रंग फेंक देती है

एक तुम हो
बेचैनी को

सुकून की चादर ओढ़ाती हो
और
एक ये बेरहम बादल
पल में अंधेरा कर देता है

कितना उलझा है
ये रिश्ता

मेरा

तुम्हारा

और

तन्हाई का।

स्याही

स्याही कलम से लिपटी
यादों की ताल पे
काग़ज़ पे झूम रही है
इसे भी
तुम ही पसंद हो।

सितम

कुछ और न सही
सितम
मैंने
तुमने
या
वक़्त ने किया

ये फ़ैसला करने के लिए तो मिलो।

मुहब्बत

वो
बरसों बाद मिले
एक दूसरे को

बहुत ख़ुश हूँ
कह के
बिना आँखें मिलाए
चल दिए

लोग सच मान लेते

अगर दोनों
भीगी आँखों से
अपनी ख़ुशी को
मुड़ कर ना देखते।

आँसू

हथेली पे गिरी
आंसू की एक बूँद

सीने में ख़ंजर सी
आज भी चुभती है।

इश्क़

बेहिसाब इश्क़ का
हिसाब
माँग रही है ज़िंदगी

चलो
हम भी आज लायक़ हुए,
किसी ने कुछ तो माँगा हमसे।

पहेली

वादा ना तुमने किया ना मैंने
फिर इंतज़ार क्यों?

इज़हार-ए-इश्क़ ना तुमने किया ना मैंने
फिर भी दिल बेक़रार क्यों?

ख़ता ना वक़्त
ना ज़माने की
फिर ये शिकायत किससे और क्यों?

साथ गुजरे कुछ पल
अनकही बातें
और धुंधली यादें
बस यही तो हैं
फिर निभा क्या रहे हैं हम?

हुनर

आँखें पढ़ने का हुनर
ना होता
तो शायद
मैं भी ख़ुश होता।

कसम

वादा करता हूँ
जब भी आओगी
मैं जाने से नहीं रोकूँगा।

बस जाने से पहले जो
कभी मिलने ना आने की
क़सम खिलाई थी ना तुमने

इस बार
उसे तोड़ जाना।

अधूरी बात

मैं जो कह नहीं पाया
तुम शायद
समझ गयीं थी

अब
मैं कहना चाहता हूँ।

तुम कहाँ हो?
कहाँ हो तुम?

घर

छत के कोने में
जो पानी की टंकी थी
उसके नीचे,
जो घर बनाया था ना

वो ही बेस्ट था

चलो वहीं चलते हैं।

फुरसत

फुरसत से मिलो कभी
मौसम की तरह
तुम भी तो बदलो कभी

इंतेज़ार

इंतेज़ार कब तक?
वो भी उसका

जिसको

शायद

मैं हूँ भी
या
नहीं।

पता है भी
कि
नहीं।

ख्वाहिशें

तुम्हारे आँगन के
बाएँ तरफ़
जो लाल रंग का
गमला है ना

वहीं दफ़नाया है
मैंने
अपनी ख्वाहिशों को

बस
उसे मत फेंकना।

हम तुम

तुम हो
आज भी
यहीं
मेरे पास

क़ैद
मेरी पलकों में

मूँद लेता हूँ इन्हें
जब भी
मिलने का मन करता है।

खिड़की

एक खिड़की
तुम्हारे मन की
आधी अधूरी
खुली सी

एक सपना
तुम्हारे प्यार का
आधा अधूरा
बुना सा

एक रात
तुम्हारे साथ की
आधी अधूरी
रुकी सी

एक लफ़्ज़
तुम्हारे इकरार का
आधा अधूरा
सुना सा।

फिर एक बार
रात को खिड़की से
मुझे बुलाना
खामोशी की चादर ओढ़े
वही सपना दिखाना।

आवारा बादल

चाह अलग
मेरी राह अलग
रंग अलग
मेरा रूप अलग

मेरे साथ
कदम से कदम
मिला सको तो चलो

मेरे सपनो को
अपना बना
सको
तो आओ, चलो

चलें उस ओर
जहां रस्ते हों कच्चे
चलें उस छोर
जहां रिश्ते हों सच्चे।

वक्त

वक्त तू गुजर
मैं ठहरा हूँ,

उसके आने पे गुजरूँगा।

रंजिश

रंजिश उस गुलाब से नहीं
जो तुमने
अपने बालों में सजाया है।

बैर
उस किताब से है
जिसे तुम
सीने से लगाए फिरती हो।

कागज़ के फूल

डायरी के बिखरे पन्ने
कुछ सहमे
कुछ मदमस्त
कुछ मुरझाए
कुछ इठलाते
कुछ शरमाते
कुछ भीगे
कुछ सूखे
कुछ रंगीन
कुछ फीके

सखी,
सब में तुम हो,
बस तुम।

अधूरी कहानी

जैसे एक दिन,
बिना कुछ कहे
तुम अचानक चलीं गयी थीं।

वैसे ही
एक दिन
तुम मिलोगी मुझे
अचानक।

तब
ना तुम पहचानोगी मुझे
ना मैं तुम्हें

मुड़ के लेकिन देखेंगे दोनों

अपनी कुछ साँसें
उस एक पल के लिए बचा के रक्खी है मैंने

तुम भी रखना।

मेरी डायरी

ऐसा बहुत कुछ है
जो
मैं सिर्फ़ तुम से कहता हूँ
किसी और से
कह ही नहीं पाता

लोग
हर शब्द को परखते हैं

तुम मेरे शब्दों को
बिना किसी शिक़ायत
अपने सीने में
सम्भाल के रख लेती हो

तुमने कभी
सवाल नहीं किये
कभी
जवाब नहीं माँगे
कभी तंज़ नहीं कसे

यादें जब भी
दस्तक देती हैं
उन्हें
तुम्हारे हवाले कर देता हूँ

तुम्हारा नाम
"दिल" रख दिया है।

इस बार सँभाल के रखूँगा।

आत्मचिंतन

स्वयं की खोज

लम्बा सफ़र

वो अचानक सामने आई और बोली

मुझसे दोस्ती करोगे?

मैंने भी झट से कह दिया
बिलकुल
सबसे करते हैं तुमसे भी करेंगे
मैं मन, तुम?

मन, पहले ये बताओ,
तुम मेरा साथ बीच सफ़र में छोड़ोगे तो नहीं?

मैंने कुछ क्षण उसे देखा
एक लम्बी साँस ली और बोला
तुम!

हाँ मैं, वेदना
क्या सच में, तुम मुझसे दोस्ती करोगे?

पर मैं सुन नहीं
देख रहा था
उसकी आँखों में बसे दर्द
आवाज़ में छिपी घबराहट
और कांपते हाथों को

सुनो, अरे मन कहाँ खो गए
क्या हुआ?
इन शब्दों में
सवाल कम और दर्द अधिक था

क्या तुम भी
सब की तरह
ख़ुशी की तलाश में निकले हो

मेरी नज़र अब उसकी आँखों से बिखरे
उस मोती पर थी
जो उसके होंठों पे टिका था

क्या तुम भी सब की तरह मुझसे दूर..

वेदना,
तुम बोलती बहुत हो
पूरे सफ़र में सिर्फ़ तुम ही बोलोगी
कि मैं भी कुछ कह सकता हूँ?

नहीं नहीं बोलो ना,
वेदना की आवाज़ में अब खनक थी
कुछ अपने बारे में बताओ
कहाँ जा रहे हो?

पता नहीं
मेरा मित्र स्वयं कहीं खो गया है
उसी की तलाश में निकला हूँ
जब से वो खोया है
विचलित रहता हूँ

और हाँ
ख़ुशी भी जब भी मिलती है
बस उसी की बारे में पूछती है

वेदना का हाथ अब
मन के काँधे पे था
रात गहरी हो रही थी
कदम धीरे उठ रहे थे
मन शून्य से बातें कर रहा था

सच बताऊँ
तो गलती मेरी ही है
मैंने ही
उसके साथ
समय नहीं बिताया

वेदना ने
शायद
मेरे धीरे उठते कदमों से पहचाना होगा
बोली
चाहो तो रुक जाते हैं

नहीं वेदना,
रुका तो
स्वयं और दूर चला जाएगा

ठीक है मन,
जैसी तुम्हारी इच्छा

मन
वेदना
और
स्वयं की तलाश।

आहुति

बह रहे हैं सब
समय के साथ
अज्ञात गंतव्य की ओर

शहर को जीवित रखने के लिए
जीवन की आहुति

हे राम हे राम हे राम।

उड़ान

परिंदा हूँ बांधो ना मुझे

उड़ने दो

पकड़ो ना मुझे

अपनों के लिए उड़ा

अब अपने लिए उड़ना है

कुछ उजड़े घोंसले अभी बसाने हैं

कुछ बेरंग सपनों में रंग भरना है
उड़ने दो बांधो ना मुझे
परिंदा हूँ
ज़िंदा हूँ

एक उड़ान बस एक और...

आग

इक आग लगी शमशान में
इक आग लगी इस सीने में

इक आग ले रिश्तों की आहुति
इक आग दे उम्मीद की अनुभूति

इक आग ने छीना अपनों को
इक आग ने बोया सपनों को

तू मायूसी के दामन को छोड़
मेहनत की लपटों को ले ओढ़
अपनों के सपनों को बोना

तू थकना मत
तू रुकना मत
तू मत रुकना।

सरहद

हवा ख़ामोश है

सुना है

सरहद से हो के आयी है

बस नीर ना बरसे
चूल्हा बुझ जाता है

पिछली बार
छुटकि के दुपट्टे का रंग भी उतर गया था।

सियासत

नफ़रत के बीज
वोट के पौधे
कुर्सी के बाज़ार
ईमान के सौदे।

चिता

कुछ पलकें बंद हुईं
कुछ पलकें नम हुईं

कुछ हाथ छूट गए
कुछ हाथ छोड़ गए

कुछ रिश्ते राख़ हुए
कुछ रिश्ते ख़ाक हुए

साँसे

सूख गयी हैं पलकें
शब्दों का रंग लाल हुआ
दर्द के इस बाज़ार में
जब
लम्हा लम्हा नीलाम हुआ।

मैं ऐसा ही हूँ

मैं सँवारता रहा
वो उलझाते रहे

मैं पिरोता रहा
वो बिखेरते रहे

मैं जोड़ता रहा
वो तोड़ते रहे

मैं ऐसा ही था
वो वैसे ही थे।

एक ज़ख़्म और दो
कुछ काग़ज़ अभी बेरंग हैं।

उम्मीद

आक्रोश सीने में लिए
मैं अब भी

उम्मीद बांधे बैठा हूँ।

सियासत

एक बहन हुई अकेली
एक पिता फिर दफ़्न होगा

एक मासूम हुई बेवा
एक बेटा फिर अश्क़ पोंछेगा

सियासत के इस खेल में
शहर में
आज फिर मातम गूंजेगा।

इरादे

बेचैन मन
क्लांत तन
क्षीण भुजाएँ
खंडित तरणि

अटल इरादे
अनम्य आत्मबल
चढ़ता सूरज
ढलता तिमिर।

मेरे बदलने का
इंतेज़ार मत करना

मैं बदला
और
तुम ऐसे ही रहे
तो कुछ ना बदलेगा

मेहनत करो
अपनी तक़दीर ख़ुद लिखो।

मैं कलम बन, उसे सँवारता रहूँगा।

बाबा

बाबा का दुशाला ओढ़
झील किनारे बैठ
चाय की चुस्की लेते
किताबें पढ़ना
और मेरा

झील में पत्थर फेंकते हुए
बाबा से बातें करना
जब भी याद आता है

चला आता हूँ यहाँ
चाय दुशाला और किताब लिए
पत्थर फेंकते हुए
बाबा से बातें करने

कहते थे दुःख में सुख ढूँढो
देर लगी पर समझ गया हूँ

अब
शून्य से शून्य का सफ़र
कठिन नहीं लगता।

नई दुनिया

चलो एक नई दुनिया बनाते हैं

जहाँ
ना तुम सहमों
ना मैं
ना तुम्हारा कोई बिछड़े
ना मेरा

जहाँ
ना मैं बदलूँ
ना तुम
तुम, तुम रहो
मैं, मैं।

क्या चल सकोगे उस पथ पर?